BIENVENIDOS AL MUNDO DE LAS COMPRAS MISTERIOSAS

R. Lambert

CONTENIDOS

DESCARGO DE RESPONSABILIDAD V

PREFACIO VI

1 ¿LAS COMPRAS MISTERIOSAS SON REALES? 1

2 ¿QUÉ SON LAS COMPRAS MISTERIOSAS? 3

3 ¿POR QUÉ HACER COMPRAS MISTERIOSAS? 7

4 ¿SERÍA USTED UN BUEN COMPRADOR MISTERIOSO? 9

5 CÓMO SER UN COMPRADOR MISTERIOSO 11

6 CÓMO CONVERTIRSE EN EL MEJOR COMPRADOR
MISTERIOSO Y OBTENER LOS MEJORES TRABAJOS 16

7 CÓMO CERTIFICARSE 22

8 CÓMO TRATAR LOS PROBLEMAS QUE PUEDEN
SURGIR DURANTE UN TRABAJO 23

9 CÓMO RECIBIR PAGOS POR LAS
RECOMENDACIONES 27

10 CÓMO ENCONTRAR OTRAS OPORTUNIDADES 29

11 ADMINISTRAR SU PROPIO NEGOCIO 32

12 CONCLUSIÓN 34

ANEXO A – DÓNDE ENCONTRAR EMPRESAS DE
COMPRAS MISTERIOSAS 36

ANEXO B – FORMULARIO DE EJEMPLO 40

REFERENCIAS 44

DESCARGO DE RESPONSABILIDAD

Nada en este libro debe ser tomado como consejo legal o financiero. Este libro es solo para fines informativos. Si necesita asesoramiento legal o financiero, consulte con un asesor legal o financiero cualificado.

PREFACIO

¿Alguna vez fue a un restaurante, se sentó en una mesa sucia y esperó para que alguien tomara su orden? ¿Alguna vez fue a una tienda e intentó encontrar a alguien que le ayudara? ¿Alguna vez fue a un negocio y vio cosas que necesitaban ser reparadas o a empleados que estaban jugando en vez de ayudar a los clientes? ¿Alguna vez fue a una tienda para comprar algo y el empleado que le asistió lo llevó a mirar una marca diferente, tal vez algo que era más caro? ¿Le gustaría poder hacer algo al respecto? ¿Le gustaría poder hacer algo para ayudar al negocio, hacer que sea más probable que usted tenga una mejor experiencia la próxima vez que lo visite y que le paguen por ello al mismo tiempo?

Si es así, ¡usted está en el lugar correcto! Yo le voy a explicar de qué se tratan las compras misteriosas y cómo usted puede ganar dinero ayudando a las empresas a mejorar las experiencias de sus clientes. Usted puede ser parte de algo divertido y mejorar los sitios a dónde usted va mientras se le paga.

1 ¿LAS COMPRAS MISTERIOSAS SON REALES?

Sí, las compras misteriosas son muy reales, y existen sin fines de personas que se han beneficiado económicamente cada año por hacer estos trabajos. De acuerdo con la APCM (Asociación de Proveedores de Compras Misteriosas de Norteamérica), hay más de 1.000.000 compradores misteriosos. (Preguntas más frecuentes, 2016) Hay más de 300 compañías de compras misteriosas en todo el mundo. He estado haciendo compras misteriosas durante 10 años. Comencé cuando mi hija tenía cuatro años, e incluso la llevaba a las tiendas conmigo. Aunque algunas compañías le pedirán que no lleve a niños porque pueden distraerlo, mi hija estaba siempre muy bien comportada e incluso ayudó a hacer algunas de las preguntas que fueron instruidas. Esto nos hizo parecer compradores muy naturales y creíbles. Mi hija creció aprendiendo el negocio de ser un comprador misterioso y podrá continuar haciendo estas labores ella misma.

También he sido un editor y entrenador para una compañía de compras misteriosas durante más de cuatro años. Me encanta trabajar como comprador misterioso y como editor. Es muy gratificante saber que puedo divertirme y ganar dinero mientras ayudo a mejorar a distintas empresas.

2 ¿QUÉ SON LAS COMPRAS MISTERIOSAS?

Las compañías contratan compradores misteriosos para evaluar qué tan bien sus empleados prestan sus servicios a los clientes y cuán efectivos son sus programas de capacitación de clientes sin que los empleados sepan que están siendo evaluados. Esta una buena forma para que los empleadores vean lo que sus empleados dirían y harían con los clientes reales, y no solo lo qué harían cuando el jefe está cerca.

Las compras misteriosas tienen distintos nombres y se encuentran activas en diferentes compañías. Toda empresa quiere saber que sus empleados están llevando a cabo la misión de la misma y están tratando a los clientes de una manera que les asegurará que ellos volverán y mantendrán una relación continua. Los empleadores quieren saber que sus empleados están tratando a los clientes de la forma en que han sido capacitados y en la forma en que el propietario de la empresa quiere que los clientes sean tratados. También es una buena manera para las empresas para comprobar las áreas que necesitan mejoras e identificar las cosas que se están haciendo que podrían poner el negocio en riesgo o podrían impedir que los clientes vuelvan. Este tipo de compras permite a las empresas evaluar cada aspecto de la experiencia del cliente para ver lo que están haciendo bien y lo que necesitan mejorar.

En términos generales, implica aceptar un trabajo como un contratista independiente para entrar a un negocio y hacer lo que usted haría normalmente como un cliente regular. Usted está jugando un papel en ese momento, como un actor, pero es algo que usted podría hacer normalmente en cualquier día de compras o cualquier noche cuando sale a cenar. Debe tener buenas habilidades de observación, prestar atención a detalles concretos o hacer preguntas específicas, y llenar un informe. A veces hacer observaciones incluye llevar un seguimiento del tiempo que toma para que algo suceda. Algunos trabajos requieren una compra y/o una devolución.

Los trabajos pueden tomar de 15 minutos hasta aproximadamente 8 horas. La mayoría de las labores toman de 30 minutos a 1 hora y media aproximadamente. El tiempo que tarda un trabajo depende de su tipo, del número de tareas a realizar, del transporte al lugar y del tipo de informe requerido. La ganancia puede variar de $5 a $200, dependiendo del trabajo. En promedio, esta actividad paga $15-50 por trabajo. Usted siempre puede elegir los tipos de tareas que desea hacer en función del tiempo requerido y el pago. Normalmente yo elijo trabajos que pagan un promedio de $10 a $15 por hora.

Puesto que usted es un contratista independiente, tendrá que pagar impuestos sobre lo que gana y contratar su propio seguro. Discutiremos estos temas en un capítulo más adelante.

Algunos ejemplos de trabajos de compras misteriosas

- Entrar en una tienda de teléfonos celulares para preguntar sobre el nuevo servicio y tomar fotos del exterior.

- Llamar y visitar un condominio como si estuviera buscando un apartamento.

- Visitar una tienda de electrónica y buscar varios artículos para comprar e interactuar con los empleados de esos departamentos.

- Hacer llamadas telefónicas o visitas a una empresa para verificar los detalles de su listado para una publicación.

- Verificar mercancías, pantallas y precios en una tienda.

- Cenar y/o tomar una copa en un restaurante y hacer observaciones cronometradas.

- Ir a los bolos y pedir un aperitivo mientras se está allí.

- Visitar un parque de diversiones y evaluar tres establecimientos de bebidas/alimentos mientras se está allí.

- Evaluar tiendas en las usted otorgó premios a empleados que cumplían ciertos criterios.

- Asistir a un gran evento y evaluar a los empleados del estacionamiento y las instalaciones públicas.

- Estar fuera de un negocio y realizar pequeñas encuestas a los clientes que salen de la misma.

- Ir de compras a una tienda, interactuar con uno o más empleados, comprar, y luego devolver la mercancía

- Cambiar el aceite del coche.

- Realizar un servicio a su coche o tomar una prueba de manejo en un concesionario.

- Hacer la declaración de impuestos y evaluar a la persona que ingresa los datos.

- Ir a un club de almacenes y evaluar tres puestos de demostración.

- Going to a almacén and evaluating three demonstration/sample stands.

- Visitar instalaciones de almacenamiento y evaluar el servicio al cliente y las unidades.

- Ir a un banco y preguntar por información sobre cómo obtener un préstamo.

Las posibilidades son vastas y pueden dar lugar a otras tareas, como las demostraciones a corto plazo en las empresas establecidas para un producto en particular.

3 ¿POR QUÉ HACER COMPRAS MISTERIOSAS?

Hay varios beneficios para convertirse en un comprador misterioso.

Flexibilidad

Usted puede fijar sus propias horas para trabajar; usted tiene el control de su tiempo. Esto le puede servir de ayuda si usted es madre y necesita trabajar a tiempo parcial, pero quiere estar allí para sus hijos en la mañana y cuando lleguen a casa. También puede ayudar si usted es estudiante, pero necesita trabajar en su tiempo libre.

Esto me ayudó como madre soltera con un trabajo a tiempo completo. Yo necesitaba algo que pudiera hacer durante el almuerzo, por la noche, o los fines de semana, y que no me alejara de mi hija. Pude hacer varios trabajos a la semana y todavía tener tiempo para todo lo demás. No tuve que pagarle a una niñera o estar alejada de mi hija. Pude trabajar en torno a mi horario.

Pago

Usted puede ganar dinero extra siendo un comprador misterioso. La cantidad que puede ganar depende solo de su horario, de su disposición a seguir las instrucciones suministradas para cada trabajo y del número de empresas con las que se registre. Con más de 300 empresas legítimas de compras misteriosas en el mercado, usted puede inscribirse en tantas como desee, así como solo aceptar las tareas que desee. Usted puede incluso hacer compras mientras viaja para ganar algo de dinero extra donde quiera que esté. Yo hice trabajos mientras estuve de vacaciones o visitaba a mi familia para pagar el viaje.

Trabajo relacionado

Usted también tiene el potencial de ser contratado en una posición que se relacione con las compras misteriosas. Estos puestos de trabajo pueden incluir programación, edición, auditoría, presentaciones, etc. Una vez que aprenda a navegar, usted incluso podría abrir su propia empresa de compras misteriosas.

Recomendaciones

Muchas compañías le pagarán por recomendar a otros compradores misteriosos. Ellos obtienen el beneficio de conseguir personas que suelen ser buenos empleados, ya que son recomendados por personas que ya trabajan para ellos. Usted obtiene el beneficio de ayudar a sus amigos y familiares, y se le paga una pequeña tarifa por cada recomendación.

Referencias

Como comprador misterioso, usted también obtendrá valiosas destrezas en el campo del Servicio al Cliente. Esto puede ser una buena referencia para futuros empleadores. Puede mostrarles que usted es confiable, proactivo, detallista, bueno en la gestión del tiempo y responsable. También puede mostrarles que usted está dispuesto a aprender y que es digno de una inversión.

4 ¿SERÍA USTED UN BUEN COMPRADOR MISTERIOSO?

Sea confiable

Un buen comprador misterioso en el nivel más básico es confiable. Usted deberá leer la documentación que cada compañía le proporcionará para los trabajos que usted se registre, así como prepararse para la tarea. Si usted dice que puede completar una asignación en una determinado fecha, debe ser capaz de cumplir su palabra. Aunque pueden haber acontecimientos no programados de vez en cuando, usted debe ser consistente y debe ser alguien en quien las empresas puedan confiar.

Siga las instrucciones

Una vez que salga a evaluar una tienda, es necesario que usted siga las directrices dadas. Esté preparado para responder preguntas de los consultores y vendedores. Conozca el perfil de la tienda suministrado y utilícelo para responder preguntas. Sepa lo que se supone que debe pedir y lo que no se le permite pedir.

Sea observador

Cuando usted realiza una compra misteriosa, debe ser muy observador. Usted debe estar preparado para hacer observaciones cuando llega a la tienda, durante las transiciones o al moverse de un lugar a otro, y al final. Usted debe ser capaz de recordar varios detalles, como el saludo y el cierre que le da el consultor. Usted debe ser capaz de retransmitir lo sucedido y recordar todo los detalles. Usted no debe resumir los detalles, sino ser específico sobre los hechos.

Usted no debe incluir opiniones en ninguna parte del informe, excepto cuando se le solicite su opinión. Las empresas quieren conocer los hechos. Ellos podrán recopilar lo que sucedió a partir de los detalles.

Sea positivo, profesional y dé buenas señales de ventas

Durante cualquier tienda, usted debe transmitir una actitud positiva. Incluso si el consultor está siendo poco amable o no está haciendo su trabajo, usted está ahí para observar e informar solamente. No responda de ninguna manera que atraiga la atención. Permanezca profesional y neutral. Dele al consultor buenas señales de venta, lo que significa mostrar una impresión de que está interesado en lo que él o ella están tratando de vender. Esto les da la oportunidad de hacer una presentación completa de venta. En la mayoría de las tiendas, usted podrá interrumpir la venta y decirles que usted pensará en ella.

5 CÓMO SER UN COMPRADOR MISTERIOSO

Para convertirse en un comprador misterioso, usted tiene que encontrar empresas que contraten consultores independientes en su región. Usted nunca debe pagar por esta información. Cuando yo empecé, había oído hablar de las compras misteriosas, pero no podía encontrar ninguna de las empresas que contrataban a los compradores misteriosos. Lo único que pude encontrar fue un sitio web que ofrecía la membresía que prometía compañías misteriosas. El costo había sido de menos de $45 por una membresía de tres meses. Me arriesgué y pagué el dinero. Pensé que lo único que perdería era el dinero si no funcionaba. Afortunadamente, eran legítimos y pude obtener la información y la lista de las empresas, y empecé a trabajar de inmediato. Ahora esta información está disponible ampliamente. Vea el apéndice al final para una lista de los lugares donde usted puede encontrar las listas reales de las compañías de compras misteriosas.

Después de investigar las empresas, usted tiene que registrarse en cada uno de sus sitios web. La inscripción tarda unos 5-10 minutos en cada sitio. Allí le pedirán su nombre, dirección, número de teléfono, dirección de correo electrónico y su número de seguro social. Esto es necesario para que puedan enviarle el pago. Si usted genera una ganancia de más de $600 con cualquiera de esas empresas en un año, le enviarán un formulario 1099 para sus impuestos. Algunas compañías pagan con cheque y otras con PayPal. Algunas compañías pagan automáticamente, mientras que otras pueden requerirle que genere facturas para los trabajos que usted haga. Consulte con cada empresa para ver cómo procesan los pagos.

Algunas compañías también preguntarán qué equipo usted posee (teléfono digital, cámara digital, equipo de grabación de audio y/o de video, escáner, etc.) También pueden preguntarle acerca de sus gustos. Esto les ayudará a determinar qué tipo de tiendas serían las indicadas para usted.

Tan pronto como se inscriba, podrá iniciar sesión en cada sitio y empezar a encontrar puestos de trabajo de inmediato. La mayoría de los sitios web tendrá un menú en la parte superior, otros tendrán un encabezado similar a "Registro de trabajos", donde usted podrá encontrar asignaciones en su área. Usted puede visitar esa página y elegir qué tan cerca o lejos de su código postal desea buscar. Si usted viaja frecuentemente, podrá ingresar un código postal y buscar esa área también.

En la lista de resultados de búsqueda, usted podrá hacer clic en cada elemento para ver una descripción del trabajo. Algunas tiendas requieren reunirse con un empleado "específico". Algunos trabajos son "al azar", por lo que puede reunirse con cualquier persona en la tienda. Si la tienda implica una llamada telefónica y una visita, usted tendrá que llamar a la tienda primero usando el perfil proporcionado y luego reunirse con la misma persona en el lugar determinado. Lea las descripciones para conocer cuáles son los requisitos generales de cada trabajo y siga las instrucciones para inscribirse en los que usted está interesado.

Usted puede registrarse en varias tiendas de distintas empresas al mismo tiempo. Es importante mantener un registro o una hoja de cálculo de cada trabajo para cada empresa. Vaya al Apéndice para ver un formulario de ejemplo que puede usar. Podrá usar las columnas en un programa de hoja de cálculo y personalizarlas a su gusto. Mantenga un registro de la tienda, la fecha de vencimiento, el nombre/dirección/número de teléfono de la empresa, el pago que debe recibir, entre otras cosas.

Tenga cuidado de no inscribirse en demasiadas tiendas durante el mismo período o podrá sobrecargarse de trabajo. Si usted tiene que hacer varias llamadas, le puede retrasar la visita a las tiendas y causar el solapamiento de sus fechas de entrega. Lo mejor es comenzar con unas pocas tiendas hasta que esté cómodo y tenga una idea de lo que cada trabajo requiere. Después podrá comenzar a registrarse en más tiendas.

Cada empresa le proporcionará un manual, instrucciones o una capacitación en línea. Lea todo de antemano. Después de haber trabajado para una empresa por un tiempo, podrá concentrarse en el perfil de cada tienda y estudiar las instrucciones para ver lo que puede haber cambiado.

Conozca qué hacer en cada tienda en caso de que algo no salga como estaba planeado. Sepa a quién llamar y mantenga la información de contacto en su planificador en caso de que tenga que ponerse en contacto con ellos durante una visita a una tienda.

A pesar de que suena como mucho, solo se trata de leer lo que le proporcionan y de prestar atención a los detalles. Una vez que usted visite a algunas tiendas, usted ganará experiencia, y solo le tomará unos pocos minutos para prepararse para un nuevo trabajo.

6 CÓMO CONVERTIRSE EN EL MEJOR COMPRADOR MISTERIOSO Y OBTENER LOS MEJORES TRABAJOS

- Recuerde que este es un trabajo. Haga el trabajo completo y de acuerdo con las instrucciones.

- Prepárese para cada visita a cada tienda.

- Sepa qué hacer si algo no sale como estaba planeado.

- Comprométase con una fecha y mantenga sus compromisos.

- Si usted comete un error y se olvida de hacer algo al respecto, sea sincero ante todo. Aun así, usted recibirá el pago. Sin embargo, puede que usted reciba un pago parcial, si la compañía tiene que rehacer la visita nuevamente con otra persona. Puede haber ocasiones en las que no se le pague si comete un gran error o no puede cumplir con los requisitos; sin embargo, esto es muy raro, siempre y cuando siga las directrices. Yo solo tuve un trabajo en más de 10 años que no me pagó y fue porque me olvidé de hacer una parte crítica de la compra.

- Siempre sea educado y profesional. Manténgase enfocado en el propósito. No haga perder el tiempo del consultor con largas conversaciones que no sean relevantes para el trabajo por el cual ha sido contratado. Una vez tuve un comprador que extendió la visita hablando sin parar sobre sus antiguos compañeros de habitación y su familia. Esto no era relevante para la tienda y les tomó más tiempo de lo que debía ser la visita. Recuerde que los empleados a los que usted están evaluando tienen clientes reales. Se supone que nosotros debemos entrar, hacer el trabajo y salir. Permítales hacer su trabajo y no prolongue el encuentro.

- Revise su trabajo.

  – Asegúrese de haber completado los formularios completamente.

  – No deje nada en blanco. Ponga "N/A" en los espacios en blanco que no apliquen; así la compañía sabrá que no saltó accidentalmente la pregunta.

  – Revise la información que ha ingresado para asegurarse de que no hay respuestas que se contradigan.

  – Si tiene que escribir una historia, asegúrese de haber incluido TODOS los detalles. Siempre incluya ambos lados de cada conversación. Incluya cada pregunta que se le hizo e incluya su respuesta a cada pregunta. Incluya las características y los beneficios que le dijeron. Incluya las conversaciones durante las transiciones de lugar a lugar. Usted no tiene que citar todo, pero las empresas quieren todos los detalles. Los consultores están siendo evaluados sobre cómo vender y presentar el servicio o producto. Los informes le serán devueltos si no hay suficientes detalles.

  – ¡No resuma! Sea específico. En lugar de decir que alguien le mostró algo, diga lo que le dijeron sobre el producto o cómo se lo mostraron.

- Deje de lado sus opiniones, excepto en los puntos donde se le solicita su opinión.

- Escriba historias, respuestas largas y cortas en formato de párrafo. Use frases completas con ortografía, gramática y puntuación apropiadas. Por lo general, las empresas quieren que escriba en tiempo pasado, ya que lo que está escribiendo sucedió en el pasado. Consulte con cada empresa sobre sus normas de informe.

- Asegúrese de indicar en su historia cada vez que el empleado dice su nombre. Esto es importante.

- Asegúrese de indicar cada vez que el empleado hace el esfuerzo de personalizar la interacción. Ellos pueden hacer esto contando historias personales o dando información sobre sí mismos o preguntando acerca de su trabajo, gustos o familia.

- No describa el origen étnico o el peso del consultor a menos que la empresa se lo solicite específicamente. Solo describa al consultor como hombre o mujer.

- Compruebe las fechas y horas que ha anotado para asegurarse de que sean correctas.

• Presente su trabajo a tiempo. Si va a llegar tarde, siempre informe al planificador, para que pueda actualizar su sistema. Usted será visto como un cliente confiable si mantiene al programador actualizado sobre el estado de cualquier tienda que se le asigna.

- Si no está seguro acerca de algo, pregunte. Las empresas prefieren que usted haga una pregunta que tener que avanzar y hacer algo que haga que tengan que visitar la tienda una vez más.

Cómo escribir el mejor informe de compras misteriosas

- Utilice "apartamento" o "casa" en lugar de "unidad" cuando se habla de una vivienda. Cuando se hable de una unidad de almacenamiento, la palabra "unidad" está bien.

- Use "comunidad" en lugar de "propiedad".

- Use "consultor" en lugar de "agente".

- Utilice el nombre del consultor en lugar de escribir "el empleado" o "el consultor" una vez que sepa cuál es su nombre. Asegúrese de deletrear su nombre de la misma manera que lo indica su tarjeta de visita o en su etiqueta.

- Las instalaciones en una comunidad pueden incluir piscinas, canchas de tenis, parques infantiles, peluquerías, paradas de autobús, etc.

- Las características de una comunidad pueden incluir número de dormitorios, número de baños, ventiladores de techo, lavadoras y secadoras, electrodomésticos, vestidor o patios/balcones.

- Los beneficios son cualquier aspecto que diga cómo las características le ayudarían. Por ejemplo, un consultor podría decirle que tener una lavadora y secadora en su apartamento le impediría tener que salir a lavar su ropa. Ellos podrían decirle que tener un gimnasio le ahorraría dinero en una membresía de gimnasio.

- Concéntrese más en la interacción verbal con el consultor que en la apariencia física de la tienda o comunidad. La mayoría de las compañías le preguntarán acerca de la puerta principal, la estera de bienvenida, las horas publicadas o las señales/anuncios. Observe estos factores, pero no necesitará describir la instalación en detalle. El contratista está evaluando las habilidades de venta del consultor, por lo que este es el enfoque principal. Lea el informe de su tienda antes de culminar su visita para saber qué preguntas quieren que usted responda. Esto le ayudará a saber en qué se debe enfocar durante su visita.

Una manera de asegurarse de que usted puede obtener todos los detalles es grabar las visitas que haga con un grabador digital de mano. Usted puede comprar uno en línea por alrededor de los $40. Esto hará que sea mucho más fácil redactar sus informes; podrá regresar y escuchar la grabación y recordar los detalles que el consultor le dijo que no pudo recordar en un primer momento.

Usted debe revisar las regulaciones del estado en el que reside con respecto al uso de grabadores antes de usarlos en cualquier interacción. Algunos estados no permiten la grabación a menos que ambas partes estén conscientes de que están siendo grabadas. Además, es ilegal registrar cualquier interacción en una institución financiera o banco, por lo que nunca grabe en esas instalaciones. Revise las leyes de su estado para asegurarse de conocer las leyes antes de grabar.

7 CÓMO CERTIFICARSE

Hay dos tipos de certificación para las compras misteriosas: Plata y Oro. La certificación se obtiene a través de la APCM. El entrenamiento de la certificación Plata es en línea y le da una visión introductoria a las compras misteriosas y las habilidades básicas necesarias para llevar a cabo las visitas. El costo es de $15 en el momento de esta impresión.

La certificación Oro cuesta $75. El entrenamiento se puede tomar presencial o en línea. Visite los siguientes enlaces

Certificación Plata de la APCM –

http://www.mspanorthamerica.com/shoppers/silver2.php?trk=profile_certification_title

Certificación Oro de la APCM –

http://www.mspa-na.org/certification#intro

También hay un entrenamiento disponible a través de la APCM para la industria de la redacción y compras de videos.

Para la mayoría de los compradores, obtener una certificación Plata en línea es suficiente. Ya dependerá de usted obtener la certificación Oro. En mis años de compras misteriosas, no he visto cómo la certificación Oro ha aumentado el pago. También vi muy pocos compradores que se certificaron Oro.

8 CÓMO TRATAR LOS PROBLEMAS QUE PUEDEN SURGIR DURANTE UN TRABAJO

Lo primero que debe recordar es que usted está jugando un papel por el cual fue contratado y está siguiendo un perfil. Si sucede algo inesperado; el consultor no se presenta o lo dirigen a otro empleado, no se asuste, puede excusarse y decir que acaba de recibir un mensaje de texto o decir que dejó algo en su coche. Salga y llame o envíe un mensaje al programador de la tienda y pregúntele qué deberían hacer. Ellos sabrán lo que el cliente permitiría hacer en estas circunstancias y le hará saber cómo manejar la situación. A veces, usted tendrá que regresar a otra hora u otro día. En ocasiones, usted deberá proceder a terminar la visita con el empleado al que fue dirigido. Si no está seguro, no dude en preguntar. Es mejor hacerlo que seguir bajo sus propias suposiciones y que la compra misteriosa sea rechazada.

Si una compra misteriosa es rechazada por no seguir instrucciones o por falta de detalles en el informe, ningún miembro del equipo recibirá el pago—usted, el comprador, el programador, el editor y el propietario. Esto no es una ocurrencia común, pero puede suceder. Si usted hace todo lo posible para preparar y leer las instrucciones y el perfil de antemano, si mantiene buenas anotaciones, si completa todos los detalles sin dejar lagunas o vacíos en su historia, y si presenta su informe antes de la fecha límite, todo debería estar bien. Hay muchos compradores por ahí que tratan de hacer lo que sea por salir del paso. Esto no es lo que las empresas de compras misteriosas están buscando. Ellos invierten tiempo y formación en los compradores con el fin de obtener informes de calidad para sus clientes. No sea uno de esos compradores, sea alguien que invierte en aprender las normas de la empresa y que hace un trabajo de calidad. Haga lo que prometió que haría a tiempo. Usted obtendrá muchos más beneficios y se divertirá con lo que hace.

Las tiendas que he visto que fueron rechazadas eran aquellas donde los compradores no hacían esas cosas. Estos no leían las instrucciones. Intentaron apresurarse por escribir los detalles y carecían de información importante. No completaron sus visitas o no seguían las instrucciones. No cumplían con los plazos o no le respondían a la empresa cuando eran contactados. Esas son las cosas que harán que una visita misteriosa no sea pagada. Esas son también las cosas que le harán recibir una citación.

Las citas son anotaciones que los planificadores y editores tienen de los compradores ¨tras bambalinas¨. Si un comprador hace un gran trabajo y va más allá en su visita y en el informe, este puede recibir una citación de "Héroe". Ellos serán los primeros en recibir asignaciones de trabajo en el futuro.

Si un comprador no hace lo que se le pidió, no cumple con las fechas límites, o constantemente comete los mismos errores una y otra vez, puede recibir una citación negativa. Estos se dan por número y tienen un peso. Si usted hizo un informe mediocre y no respondió cuando se le pidió que lo arreglara o si "se enredó" en el trabajo y no lo completó después de que se le fue asignado, podría recibir un número desde un 5 a un 10. La empresa le otorgaría un "peso"; el número de trabajos de este grado a los que se pueden aplicar. Al asignar trabajos a aquellos que han solicitado aplicar en el futuro, el encargado de las asignaciones de las compras misteriosas tomará en cuenta estas citaciones antes de designar un trabajo. Ellos necesitan compradores confiables y de calidad, y asignarán trabajos a aquellos compradores que se esmeren en su labor.

Usted debe pensar en esto como un trabajo. Aunque es divertido y muy flexible, tiene que tratarlo como lo haría con cualquier otro trabajo en el que quiera que le paguen. Como empleado de una empresa, si no sigue las normas o no completa sus tareas de manera oportuna y con un resultado óptimo, probablemente no será un empleado de esa empresa por mucho tiempo, o por lo menos, no tendrá ascensos.

Haga un trabajo de calidad y diviértase. Usted podrá disfrutar de este trabajo por el resto de su vida y ser uno de los que obtiene altas calificaciones y recibe tareas especiales una y otra vez.

9 CÓMO RECIBIR PAGOS POR LAS RECOMENDACIONES

Algunas compañías le pagarán por recomendarles otros compradores. Si usted trabajó como comprador misterioso o auditor, entonces las empresas para las que trabaja ahora confiarán en que traiga a otras personas como usted que harán un buen trabajo. Ellos están seguros que esto les beneficiará y, a menudo, le pagarán una cuota por recomendarles a otros. Es de su mejor interés recomendar a personas que tendrán una ética de trabajo similar a la suya y que harán un trabajo de calidad constantemente. Revise el sitio web de cada empresa para obtener detalles sobre cómo recomendar a otros compradores y sobre la cuota de pago que ofrecen.

10 CÓMO ENCONTRAR OTRAS OPORTUNIDADES

Una vez que usted tenga distintas experiencias trabajando con diferentes empresas, podría ser contratado como consultor para hacer un trabajo más consistente. Por ejemplo, si una empresa de compras misteriosas le gusta la forma en que escribió sus informes, podrían invitarlo a trabajar con ellos como editor. Usted tendría un trabajo más consistente y un ingreso más estable, manteniendo una flexibilidad en su horario. Como editor, usted editaría los informes enviados por otros compradores, se aseguraría de que todos los detalles estén allí y corregiría la ortografía, la gramática y el formato antes de enviarlos al cliente.

Las empresas también pueden invitarle a trabajar con ellos como programador, en donde usted administraría las tiendas solicitadas por los clientes y elegiría a los compradores que aplican para trabajar en cada tienda. Usted sería el responsable de mantener una lista de todos los trabajos pendientes y comprobar con los compradores que sus visitas estén transcurriendo como se espera. Usted sería el responsable de actualizar las compras misteriosas y a los clientes sobre el progreso y cualquier problema.

Asimismo, a usted se le podría ofrecer un trabajo estable con clientes que hacen presentaciones de ventas dentro de tiendas o podría convertirse en un auditor regular para una empresa en particular. Hay muchas opciones disponibles una vez que encuentre su camino dentro del mundo de las compras misteriosas y de auditoría. Unos de los mejores beneficios de esta labor es que usted llega a elegir cuánto desea trabajar.

11 ADMINISTRAR SU PROPIO NEGOCIO

Existen muchos libros de cómo manejar su propio negocio, así que voy a cubrir los conceptos básicos que se aplican a las compras misteriosas. Como comprador misterioso o auditor, usted es un contratista independiente. Eso significa que usted es autónomo. Crear un negocio es bastante simple; sin embargo, usted tendrá que revisar las regulaciones de la ciudad y federales para ver cuáles son los requisitos para la creación de su negocio.

Normalmente, usted tendrá que crear un nombre comercial y registrarlo con las entidades pertinentes en su ciudad o condado. Esto cuesta alrededor de unos $15. Deberá asegurarse de que el nombre que elija no esté ya registrado. Usted tendrá que conocer las regulaciones para obtener un número de identificación fiscal o EIN. Algunas ubicaciones le permiten usar su número de seguro social. Otros pueden requerir que usted tenga un número de identificación fiscal diferente o EIN (Número de Identificación de Empleador) para su negocio. Además, es posible que tenga que informar sobre cualquier activo que utilice en su negocio, como un equipo o, a veces, su automóvil.

Como se mencionó anteriormente, usted necesitará tener un sistema para realizar un seguimiento de cada trabajo que realice para cada empresa. También querrá mantener un registro de cualquier kilometraje que haga para cada trabajo u otros quehaceres. Es una buena idea mantener copias de todos los documentos suministrados para cada tienda para declarar impuestos cada año durante el período de tiempo requerido. Por lo general, anoto mi kilometraje en la parte posterior de mis documentos, así tengo todo en un solo lugar. Puede haber otros formularios de impuestos que necesitará archivar cuando haga sus impuestos estatales y federales, así que compruebe que los tenga disponibles para cuando los necesite.

Como se dijo al comienzo de este manual, ninguna información aquí suministrada debe tomarse como asesoramiento legal o financiero. Solo estoy tratando de ayudarle a pensar en las cosas que usted necesita para planificar para convertirse en un profesional autónomo. A menudo, las personas olvidan que las compras misteriosas son un negocio, por lo que pasan por alto ciertas cosas que deben hacer al manejar un negocio o para declarar y pagar los impuestos.

12 CONCLUSIÓN

Con suerte, le he dado una idea del mundo de las compras misteriosas y he respondido a la mayoría de las preguntas más frecuentes sobre este campo. Para mí, es una gran oportunidad tener un trabajo divertido con un horario flexible y un buen sueldo. Es gratificante saber que uno está ayudando a las empresas a mejorar sus servicios y que estamos construyendo nuestro propio negocio en el proceso. Siempre me he divertido haciendo esto y espero que usted lo haga también.

Eche un vistazo a los recursos al final de este libro, donde encontrará listas de compañías de compras misteriosas sin costo adicional para usted. También encontrará una hoja de cálculo de ejemplo para mantenerse al día con los trabajos que vaya completando. ¡Feliz compra!

ANEXO A – DÓNDE ENCONTRAR EMPRESAS DE COMPRAS MISTERIOSAS

Lista 1: Empresas miembros de la APCM:

http://www.mspanorthamerica.com/shoppers/membercos.php

Lista 2:

http://www.quirks.com/directory/shopping/

Lista 3 (Solo busca por el nombre o palabra "comprador" ["*shopper*"]):

- Amber Arch Ltd

- Ann Michaels & Associates

- AQ Services

- ath Power Consulting Corporation

- BARE International

- Beyond Hello

- Caliber

- Cirrus Marketing Consultants

- Compliance Solutions Worldwide

- Confero Inc.

- Consumer Service Analysis LLC

- Corporate Risk Solutions

- Customer Experience Experts

- Customer Impact

- Customer Service Experts

- Data Quest Ltd.

- DJC

- GfK

- HDE

- Insight Market Research

- Intellishop

- KSS Intl Inc.

- LG Market Research

- Market Viewpoint

- Marketing Endeavors

- Mercantile Systems & Surveys

- Mystery Shoppers Inc.

- PAN Research Ltd.

- Phantom Shoppers

- Pinnacle

- Reality Based Group

- Remington Evaluations

- Research Services Group

- Service Impressions

- Service Performance Group, Inc.

- Service Savvy

- Service Sleuth

- ServiceCheck.com

- Shoppers Inc.

- Shoppers' View

- Technology Store Shopper

- The Retail Outsource

ANEXO B – FORMULARIO DE EJEMPLO

Ejemplo de hoja de cálculo de empleo

Tienda#	Nombre de la comunidad	Compañía	Pago por este trabajo	Tipo de trabajo	Notas	Factura#	Fecha de facturación	Fecha de pago

Ejemplo de factura

FACTURA DEL
COMPRADOR

Nombre del comprador

FACTURA # [   ]
FECHA: ABRIL 1, 2017

Dirección

Ciudad, Estado, C.P.

Teléfono

E-mail:

ID del comprador#

Para Empresa de compras misteriosas
Nombre
Dirección

TIENDA# - FECHA DE COMPRA	TIENDA, CONSULTOR	UBICACIÓN	PAGO
	Total		

REFERENCIAS

FAQ. (2016, 09 04). Obtenido de APCM de Norteamérica: http://www.mspa-na.org/faq